Liebe Leserin, lieber Leser,

am Anfang des neuen Jahres wissen wir nicht, was uns in diesem Jahr alles erwartet. So ist es gut, das neu beginnende Jahr unter den Segen Gottes zu stellen, es heißt ja im Psalm: »Baut nicht der Herr das Haus, mühn sich umsonst alle, die daran bauen.«
Wenn wir vertrauen, dass alles, was wir in die Hand nehmen und was uns in die Hand gelegt wird, von Gottes Segen empfangen ist, dann gehen wir getrost und voller Vertrauen in das neue Jahr. Wir vertrauen darauf, dass Gott alles zum Segen lenken wird, selbst das, was uns von außen widerfährt und was uns zunächst als Durchkreuzen unsere eigenen Pläne erscheint.

Sein Segen will uns zweierlei schenken: gute Worte und Fruchtbarkeit unserer Werke – auf beides sind wir angewiesen:
Wir sind angewiesen auf die guten Worte, die Gott über uns spricht. Gott sagt Ja zu uns und unserem Leben. Er spricht über uns das Wort, dass wir alle seine geliebten Söhne und Töchter sind. Solche guten Worte hab
den und entwertenden Worte

gute Worte wollen durch uns weitergesagt werden: Wir sollen die Menschen segnen, denen wir begegnen. Wir sollen ihnen sagen, dass sie einmalige und wertvolle Menschen sind, dass Gottes Wohlgefallen auf ihnen ruht.

Und wir sind angewiesen auf das Gelingen unseres Lebens. Wir sehnen uns danach, dass das Werk unserer Hände Frucht bringt, dass es zum Segen wird für die Menschen, dass es den Menschen guttut. Und wir sehnen uns danach, dass unser Leben selbst fruchtbar ist, dass es aufblüht und dass wir selbst, so, wie wir sind, zum Segen werden für andere.

Ich wünsche Dir, dass Du das neue Jahr und Dich selbst als von Gott gesegnet erfährst. Und ich wünsche Dir, dass Du selbst mit allem, was Du denkst, tust und bist, in diesem Jahr für viele Menschen zum Segen wirst.

Dein

Anselm Grün

Januar

Jeder
Neuanfang
ist eine Verheißung.

~

Neujahr

MONTAG

1. Januar

Aus: Ein Geschenk für jeden Tag
© Vier-Türme GmbH, Verlag, Münsterschwarzach

Alles, was ich lese, hat mit mir **selbst** zu tun.

DIENSTAG

2. Januar

Aus: Von der Kunst allein zu sein
© Vier-Türme GmbH, Verlag, Münsterschwarzach

Es braucht **Geduld,**
bis eine Wunde heilt
und sich in eine Perle
verwandelt.

MITTWOCH

3. Januar

Aus einem Predigttext
© Vier-Türme GmbH, Verlag, Münsterschwarzach

Dankbarkeit gehört zum **Wesen** des Menschen.

DONNERSTAG

4. Januar

Aus: Segen – Die heilende Kraft
© Vier-Türme GmbH, Verlag, Münsterschwarzach

Der Glaube
verändert unsere Perspektive.

~

FREITAG

5. Januar

Aus: Segen – Die heilende Kraft
© Vier-Türme GmbH, Verlag, Münsterschwarzach

Wie die **Könige** auf dem Weg zur Krippe sind alle Menschen auf der Suche nach Gott.

Heilige Drei Könige

SAMSTAG

6. Januar

Aus: Gier - Auswege aus dem Streben nach immer mehr
© Vier-Türme GmbH, Verlag, Münsterschwarzach

Die Sehnsucht führt mich in
die Tiefe meiner Seele,
in den Grund meiner Seele.

SONNTAG

7. Januar

Aus einem Predigttext
© Vier-Türme GmbH, Verlag, Münsterschwarzach

Unser Leib ist ein
Kunstwerk
und ein Wunder.

~

MONTAG

8. Januar

Aus: Was uns leben lässt – Biblische Weisheit für den Alltag
© Vier-Türme GmbH, Verlag, Münsterschwarzach

Wir sollen uns nicht ärgern, dass der Tag so **anders** verläuft, dass unsere Pläne ständig durchkreuzt werden, sondern offen werden für Gott und sein Wirken an uns.

~

DIENSTAG

9. Januar

Aus dem Predigttext »Für wen hältst du mich?«
© Vier-Türme GmbH, Verlag, Münsterschwarzach

Gott selbst hat am Kreuz die Menschen mit sich **versöhnt.**

~

MITTWOCH

10. Januar

Aus: Glaube und Vernunft – Der sinnstiftende Grund von Religion
© Vier-Türme GmbH, Verlag, Münsterschwarzach

Unsere Aufgabe ist es,

ein *Segen* zu sein.

DONNERSTAG

11. Januar

Aus: Segen – Die heilende Kraft
© Vier-Türme GmbH, Verlag, Münsterschwarzach

Nur wer in der **Hoffnung** lebt,
lebt wirklich.

~

FREITAG

12. Januar

Aus einem Predigttext
© Vier-Türme GmbH, Verlag, Münsterschwarzach

Gott wohnt in uns,
das **verwandelt**
unser Menschsein.

SAMSTAG

13. Januar

Aus: Wie hältst Du's mit der Religion? – 75 Fragen an Anselm Grün
© Vier-Türme GmbH, Verlag, Münsterschwarzach

Der einzige **Weg**
zum inneren Frieden
ist die Versöhnung mit sich
und dem Alltag.

~

SONNTAG

14. Januar

Aus: Ehelos – des Lebens wegen
© Vier-Türme GmbH, Verlag, Münsterschwarzach

Der spirituelle Weg führt uns nicht aus der Welt hinaus, sondern in sie hinein.

MONTAG

15. Januar

Aus: Inseln im Alltag – Benediktinische Exerzitien
© Vier-Türme GmbH, Verlag, Münsterschwarzach

Das **Gebet** hat die Kraft, Menschen innerlich wieder zum Leben zu erwecken.

~

DIENSTAG

16. Januar

Aus: Von der Kraft des Anfangs –
Was wir von den ersten Christen lernen können
© Vier-Türme GmbH, Verlag, Münsterschwarzach

Die größte **Gabe** ist die Fähigkeit zu lieben.

MITTWOCH

17. Januar

Aus: Wenn ich rufe, gib mir Antwort - Psalmen, die mein Leben begleiten
© Vier-Türme GmbH, Verlag, Münsterschwarzach

Es bleibt immer ein Wunder, wenn **Heilung** geschieht.

DONNERSTAG

18. Januar

Aus: Segen – Die heilende Kraft
© Vier-Türme GmbH, Verlag, Münsterschwarzach

Im echten **Gespräch** geht es nie um das Rechthaben, sondern um das Sich-Verständigen auf die Sache, die hinter den Erfahrungen steckt.

∼

FREITAG

19. Januar

Aus einem Predigttext
© Vier-Türme GmbH, Verlag, Münsterschwarzach

Unterhalb der lärmenden Gedanken ist in mir selbst ein Raum der **Stille.**

SAMSTAG

20. Januar

Aus: Wo ich zu Hause bin – Von der Sehnsucht nach Heimat
© Vier-Türme GmbH, Verlag, Münsterschwarzach

Am **Sonntag** haben wir teil an der Sabbatruhe Gottes.

SONNTAG

21. Januar

Aus: Kleine Rituale für den Alltag
© Vier-Türme GmbH, Verlag, Münsterschwarzach

Im kreativen Tun bekommt das **Leben** einen Sinn.

MONTAG

22. Januar

Aus: Von der Kunst allein zu sein
© Vier-Türme GmbH, Verlag, Münsterschwarzach

Um ganz **Mensch** zu sein, bedarf es der Beziehung zu anderen.

DIENSTAG

23. Januar

Aus: Von der Kunst allein zu sein
© Vier-Türme GmbH, Verlag, Münsterschwarzach

Anselm Grün
Unbeschwert –
Der Fastenzeitkalender
aus dem Kloster
98 Seiten, geheftet,
mit Loch zum Aufhängen
ISBN 978-3-7365-0525-4

Die Fastenzeit ist für viele Menschen ein Anlass, endlich wieder leichter zu werden – vor allem in körperlicher Hinsicht. Anselm Grün zeigt in diesem Fastenbegleiter jedoch einen Weg, in den vierzig Tagen bis Ostern auch im geistigen Sinn Gewicht zu verlieren, Erwartungen und Verletzungen loszulassen, sich selbst und sein Leben leichter zu nehmen und so zu einer Unbeschwertheit zu finden, die neue Lebensfreude verheißt und möglich macht.

Vier-Türme-Verlag, 97359 Abtei Münsterschwarzach
Telefon 09324 / 20 292, Telefax: 09324 / 20 495
E-mail: info@vier-tuerme.de, www.vier-tuerme.de

Einsamkeit wird dann **fruchtbar** für uns, wenn wir sie annehmen.

~

MITTWOCH

24. Januar

Aus: Von der Kunst allein zu sein
© Vier-Türme GmbH, Verlag, Münsterschwarzach

Vertrauen kann man vom anderen nicht einfordern. Vertrauen wächst.

DONNERSTAG

25. Januar

Aus einem Predigttext
© Vier-Türme GmbH, Verlag, Münsterschwarzach

Um etwas **Neues** zu erfahren, brauchen wir eine innere Offenheit.

~

FREITAG

26. Januar

Aus: Wenn du Gott erfahren willst, öffne deine Sinne
© Vier-Türme GmbH, Verlag, Münsterschwarzach

Wer bei sich selbst **daheim** ist, ist überall daheim.

SAMSTAG

27. Januar

Aus: Wo ich zu Hause bin – Von der Sehnsucht nach Heimat
© Vier-Türme GmbH, Verlag, Münsterschwarzach

Ein Spiegel lädt uns ein,
uns anzuschauen und uns
mit unserer eigenen Wahrheit
auszusöhnen.

SONNTAG

28. Januar

Aus: Geschwisterbande – Eine ganz besondere Beziehung
© Vier-Türme GmbH, Verlag, Münsterschwarzach

Nur wenn ich mit mir in **Berührung** bin, kann ich mit anderen Menschen in Berührung kommen.

~

MONTAG

29. Januar

Aus einem Predigttext
© Vier-Türme GmbH, Verlag, Münsterschwarzach

Ein **Freund** ist ein Schatz, den man nicht mit Geld aufwiegen kann.

~

DIENSTAG

30. Januar

Aus: Auf der Suche nach dem inneren Gold
© Vier-Türme GmbH, Verlag, Münsterschwarzach

Wenn alles in uns zusammenklingt, dann sind wir im **Frieden** mit uns und dann geht von uns auch Frieden für die anderen aus.

~

MITTWOCH

31. Januar

Aus: Ein Geschenk für jeden Tag
© Vier-Türme GmbH, Verlag, Münsterschwarzach

Februar

Gottes Segen schenke mir
die Gewissheit, dass
die **Liebe** stärker ist
als Krankheit und Tod, dass
die Liebe über den Tod hinaus
lebendig bleibt
und uns weiterhin
miteinander verbindet.

~

DONNERSTAG

1. Februar

Aus: Du kannst vertrauen – Worte der Zuversicht in Zeiten der Krankheit
© Vier-Türme GmbH, Verlag, Münsterschwarzach

Im **Gebet** hört unsere Verzagtheit auf. Wir machen einen Schritt nach vorne.

Mariä Lichtmess

FREITAG

2. Februar

Aus: Von der Kraft des Anfangs –
Was wir von den ersten Christen lernen können
© Vier-Türme GmbH, Verlag, Münsterschwarzach

Es braucht Achtsamkeit,
Stille, Offenheit, um in
Beziehung
zu den Dingen zu treten.

SAMSTAG

3. Februar

Aus einem Predigttext
© Vier-Türme GmbH, Verlag, Münsterschwarzach

Beten heißt, den inneren **Raum** des Schweigens in Dir zu entdecken.
Der Raum ist schon in Dir.

∼

SONNTAG

4. Februar

Aus: Wenn ich nicht mehr beten kann
© Vier-Türme GmbH, Verlag, Münsterschwarzach

Mit unseren **Worten** bauen wir ein Haus, in dem sich Menschen wohlfühlen sollen.

~

MONTAG

5. Februar

Aus: Wo ich zu Hause bin – Von der Sehnsucht nach Heimat
© Vier-Türme GmbH, Verlag, Münsterschwarzach

Auch im Alter gibt es noch viel zu gewinnen.

~

DIENSTAG

6. Februar

Aus: Selbstbestimmt im Alter – Ein Praxisbuch
© Vier-Türme GmbH, Verlag, Münsterschwarzach

Der spirituelle Weg möchte uns zu einem bewussteren Menschsein und zu einem reifen Selbst führen.

~

MITTWOCH

7. Februar

Aus: Inseln im Alltag – Benediktinische Exerzitien
© Vier-Türme GmbH, Verlag, Münsterschwarzach

Spiritualität in der Kommunikation ist die Bereitschaft, die ganz **persönlichen** Dinge ins Gespräch zu bringen.

~

DONNERSTAG

8. Februar

Aus einem Predigttext
© Vier-Türme GmbH, Verlag, Münsterschwarzach

Alles wird **anders** in meinem Leben, wenn ich daran glaube, dass Gottes Liebe in alle Bereiche meines Alltags hineinleuchtet.

~

FREITAG

9. Februar

Aus einem Predigttext
© Vier-Türme GmbH, Verlag, Münsterschwarzach

Gute Kommunikation braucht
die spirituelle Grundlage
der **Hoffnung,**
dass im anderen etwas
in Bewegung kommt.

SAMSTAG

10. Februar

Aus einem Predigttext
© Vier-Türme GmbH, Verlag, Münsterschwarzach

Der **Humor** befreit uns zur Menschlichkeit.

SONNTAG

11. Februar

Aus: Gesundheit als geistliche Aufgabe
© Vier-Türme GmbH, Verlag, Münsterschwarzach

Wenn Du Dir **Bilder** Deiner Kindheit ansiehst, kannst Du etwas von dem ursprünglichen Kind in Dir wiederentdecken.

~

Rosenmontag
MONTAG

12. Februar

Aus: Alles Gute zum Geburtstag
© Vier-Türme GmbH, Verlag, Münsterschwarzach

Humor hilft, **Geduld** zu lernen.

Faschingsdienstag
DIENSTAG

13. Februar

Aus: Selbstbestimmt im Alter – Ein Praxisbuch
© Vier-Türme GmbH, Verlag, Münsterschwarzach

Das **Fasten** will den Trieben das Übermaß und das Ungeordnete nehmen.

~

Aschermittwoch | Valentinstag

MITTWOCH

14. Februar

Aus: Fasten – Beten mit Leib und Seele
© Vier-Türme GmbH, Verlag, Münsterschwarzach

Glauben bedeutet für mich, dem Wort Gottes zu **trauen,** das mir wunderbare Zusagen macht.

DONNERSTAG

15. Februar

Aus: Wie hältst Du's mit der Religion? – 75 Fragen an Anselm Grün
© Vier-Türme GmbH, Verlag, Münsterschwarzach

Wer auf Gott seine Hoffnung setzt, der wird innerlich **ruhig.**

~

FREITAG

16. Februar

Aus: Was uns leben lässt – Biblische Weisheit für den Alltag
© Vier-Türme GmbH, Verlag, Münsterschwarzach

Wir sind, solange wir leben, auf der *Suche* nach der inneren Heimat, nach dem, was in uns leuchtet.

SAMSTAG

17. Februar

Aus: Wo ich zu Hause bin – Von der Sehnsucht nach Heimat
© Vier-Türme GmbH, Verlag, Münsterschwarzach

Das Klima des Vertrauens und der *Offenheit* führt dazu, dass wir uns aufeinander verlassen können.

SONNTAG

18. Februar

Aus einem Predigttext
© Vier-Türme GmbH, Verlag, Münsterschwarzach

Das, was das Leben wesentlich ausmacht, kann man nur mit dem **Herzen** sehen.

~

MONTAG

19. Februar

Aus: Der kleine Prinz für kleine und große Leute
© Vier-Türme GmbH, Verlag, Münsterschwarzach

Wenn Gottes Segen Dir
Demut schenkt, dann
wirst Du die Demut selbst
als **Segen** für Dich
erfahren.

~

DIENSTAG
20. Februar

Aus: Jeder Tag ein Segen
© Vier-Türme GmbH, Verlag, Münsterschwarzach

Das Fasten will den Menschen für die Begegnung mit Gott bereiten, es will ihn innerlich leer machen, sodass Gottes Geist ihn **erfüllen** und durchdringen kann.

~

MITTWOCH

21. Februar

Aus: Bilder von Verwandlung
© Vier-Türme GmbH, Verlag, Münsterschwarzach

In jedem von uns ist eine weite **Welt,** in der wir spazieren gehen können.

~

DONNERSTAG

22. Februar

Aus: Von der Kunst allein zu sein
© Vier-Türme GmbH, Verlag, Münsterschwarzach

Als Mensch bin ich immer **Geschöpf** – mir selbst von Gott geschenkt.

~

FREITAG

23. Februar

Aus: Segen – Die heilende Kraft
© Vier-Türme GmbH, Verlag, Münsterschwarzach

Dankbar genießen und dankbar verzichten können, darin besteht der richtige **Umgang** mit der Schöpfung.

SAMSTAG

24. Februar

Aus: Benediktinische Schöpfungsspiritualität
© Vier-Türme GmbH, Verlag, Münsterschwarzach

Wir sind **frei,** das zu tun,
was für uns gut ist,
und das vor uns Liegende
so zu gestalten, dass es gut
und gesegnet wird.

~

SONNTAG

25. Februar

Aus: Ein Geschenk für jeden Tag
© Vier-Türme GmbH, Verlag, Münsterschwarzach

Gott **wandelt** unsere Trauer in Freude, unser Erschöpftsein in neue Kraft, unsere Trockenheit in neue Lebendigkeit und Fruchtbarkeit.

MONTAG

26. Februar

Aus: Warum musste Abel sterben? –
Mordgeschichten und andere Seltsamkeiten in der Bibel
© Vier-Türme GmbH, Verlag, Münsterschwarzach

Die **Stille** reinigt uns von all dem Schmutz, der sich durch das viele Reden in uns angesammelt hat.

~

DIENSTAG

27. Februar

Aus einem Predigttext
© Vier-Türme GmbH, Verlag, Münsterschwarzach

Wir fasten nicht, um abzunehmen, sondern um uns für Gott zu **öffnen** und unser Beten zu intensivieren.

~

MITTWOCH

28. Februar

Aus: Fasten – Auf der Suche nach der Quelle des Lebens
© Vier-Türme GmbH, Verlag, Münsterschwarzach

Der Zweifel hält den Glauben **lebendig,** denn er zwingt uns, immer neu zu hinterfragen: Was glaube ich eigentlich?

DONNERSTAG

29. Februar

Aus: Wie hältst Du's mit der Religion? – 75 Fragen an Anselm Grün
© Vier-Türme GmbH, Verlag, Münsterschwarzach

März

Wer in Berührung ist
mit seiner inneren
Heimat, mit dem
Ort, an dem Gott selbst
in ihm wohnt, lebt wirklich.

~

FREITAG

1. März

Aus einem Predigttext
© Vier-Türme GmbH, Verlag, Münsterschwarzach

Ich **glaube** daran, dass Gott im Tod meine tiefste Sehnsucht erfüllen wird.

SAMSTAG

2. März

Aus: Leben aus dem Tod
© Vier-Türme GmbH, Verlag, Münsterschwarzach

Die Bescheidenheit führt zu einer inneren **Freiheit** in der Beziehung und zugleich zur Haltung der Dankbarkeit.

~

SONNTAG

3. März

Aus einem Predigttext
© Vier-Türme GmbH, Verlag, Münsterschwarzach

Gottes Segen schenke mir das

Vertrauen,

dass ich nie aus seinen
Händen fallen kann.

MONTAG

4. März

Aus: Du kannst vertrauen – Worte der Zuversicht in Zeiten der Krankheit
© Vier-Türme GmbH, Verlag, Münsterschwarzach

Gott **erscheint** mitten in meinem Alltag.

~

DIENSTAG

5. März

Aus einem Predigttext
© Vier-Türme GmbH, Verlag, Münsterschwarzach

Gebet ist **Begegnung.**

MITTWOCH

6. März

Aus: Wenn ich nicht mehr beten kann
© Vier-Türme GmbH, Verlag, Münsterschwarzach

In der **Einheit** mit Gott finden wir zum Einssein mit uns selbst und auch mit den Menschen um uns herum.

~

DONNERSTAG

7. März

Aus: Warum musste Abel sterben? –
Mordgeschichten und andere Seltsamkeiten in der Bibel
© Vier-Türme GmbH, Verlag, Münsterschwarzach

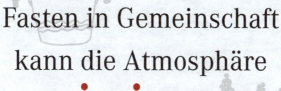

Fasten in Gemeinschaft kann die Atmosphäre **reinigen.**

~

FREITAG

8. März

Aus: Fasten – Beten mit Leib und Seele
© Vier-Türme GmbH, Verlag, Münsterschwarzach

Die *Liebe* ist das, was den Menschen wertvoll macht.

~

SAMSTAG

9. März

Aus: Der kleine Prinz für kleine und große Leute
© Vier-Türme GmbH, Verlag, Münsterschwarzach

Damit ein Gespräch gelingt, braucht es immer die spirituelle **Haltung** des Glaubens, dass ich den anderen verstehe und er seine Gedanken ausdrückt.

~

SONNTAG

10. März

Aus einem Predigttext
© Vier-Türme GmbH, Verlag, Münsterschwarzach

Das Schweigen vor Gott heißt,
den Ort der **Stille** in Dir
zu entdecken.

MONTAG

11. März

Aus: Wenn ich nicht mehr beten kann
© Vier-Türme GmbH, Verlag, Münsterschwarzach

In uns ist ein Raum, in dem Gott herrscht. In diesem inneren Raum der Stille sind wir *frei* von Gier.

~

DIENSTAG

12. März

Aus: Gier – Auswege aus dem Streben nach immer mehr
© Vier-Türme GmbH, Verlag, Münsterschwarzach

Wenn Du am Abend den Tag Gott hinhältst und ihm übergibst, kommst Du zur **Ruhe.**

MITTWOCH

13. März

Aus: Was uns leben lässt – Biblische Weisheit für den Alltag
© Vier-Türme GmbH, Verlag, Münsterschwarzach

Die **Fastenzeit** ist eine Trainingszeit in die innere Freiheit. Indem ich mir vornehme, in den sieben Wochen bewusst einmal auf etwas zu verzichten, beweise ich mir meine eigene innere Freiheit.

DONNERSTAG

14. März

Aus: Fasten - Auf der Suche nach der Quelle des Lebens
© Vier-Türme GmbH, Verlag, Münsterschwarzach

Im Tod wird der **Mensch** mit Gott vereint.

FREITAG

15. März

Aus: Wie hältst Du's mit der Religion? – 75 Fragen an Anselm Grün
© Vier-Türme GmbH, Verlag, Münsterschwarzach

Der Mensch wird er selbst am **Du,** in der Begegnung mit anderen Menschen.

~

SAMSTAG

16. März

Aus einem Predigttext
© Vier-Türme GmbH, Verlag, Münsterschwarzach

In jedem von uns ist ein
Geheimnis,
das uns übersteigt.

SONNTAG

17. März

Aus einem Predigttext
© Vier-Türme GmbH, Verlag, Münsterschwarzach

Ein gutes **Wort**
schenkt uns Leben und Licht.

MONTAG

18. März

Aus einem Predigttext
© Vier-Türme GmbH, Verlag, Münsterschwarzach

Dort, wo das göttliche **Kind** in mir ist, bin ich heil und ganz.

DIENSTAG

19. März

Aus: Selbstbestimmt im Alter – Ein Praxisbuch
© Vier-Türme GmbH, Verlag, Münsterschwarzach

Geduld trägt den anderen. Er fühlt sich so **getragen** und gehalten, weil er auch mit seinen Schwächen sein darf.

~

Frühlingsanfang
MITTWOCH
20. März

Aus: Selbstbestimmt im Alter – Ein Praxisbuch
© Vier-Türme GmbH, Verlag, Münsterschwarzach

In der Tiefe unserer **Seele** sind wir alle miteinander verbunden.

DONNERSTAG

21. März

Aus: Von der Kunst allein zu sein
© Vier-Türme GmbH, Verlag, Münsterschwarzach

Die Fastenzeit ist die Zeit, in der wir unser eigentliches wahres **Wesen** entdecken. Aber es ist auch die Zeit, in der wir das Geheimnis des andern wahrnehmen sollen.

~

FREITAG

22. März

Aus: Fasten – Auf der Suche nach der Quelle des Lebens
© Vier-Türme GmbH, Verlag, Münsterschwarzach

Wir alle sind nur auf dem **Weg** zur Wahrheit.

~

SAMSTAG

23. März

Aus: Das glauben wir – Spiritualität für unsere Zeit
© Vier-Türme GmbH, Verlag, Münsterschwarzach

Ziel des Lebens ist es,
mit dem einmaligen und
einzigartigen **Bild**
in Berührung zu kommen,
das Gott sich von mir
gemacht hat.

SONNTAG

24. März

Aus: Sag mal, Onkel Willi – Ein Dialog über die großen Fragen des Lebens
© Vier-Türme GmbH, Verlag, Münsterschwarzach

Achtsamkeit

ist eine Einladung, besser für sich zu sorgen, sich mehr zu entspannen und zu erholen.

~

MONTAG

25. März

Aus: Rituale der Achtsamkeit
© Vier-Türme GmbH, Verlag, Münsterschwarzach

Spiritualität hat als Ziel,
uns selbst und alle Bereiche
unseres Lebens immer
mehr auf Gott hin zu
öffnen.

~

DIENSTAG

26. März

Aus einem Predigttext
© Vier-Türme GmbH, Verlag, Münsterschwarzach

Gerade dort, wo wir verletzt sind, schwach oder krank, sind wir **offen** für den Geist Gottes.

MITTWOCH

27. März

Aus: Inseln im Alltag – Benediktinische Exerzitien
© Vier-Türme GmbH, Verlag, Münsterschwarzach

Wenn wir im Fasten für einen anderen Menschen **beten,** setzen wir uns mit unserer ganzen Existenz für ihn ein.

~

Gründonnerstag

DONNERSTAG

28. März

Aus: Fasten – Auf der Suche nach der Quelle des Lebens
© Vier-Türme GmbH, Verlag, Münsterschwarzach

Das Scheitern zerbricht unsere Vorstellungen, die wir von uns und vom Leben hatten, um uns aufzubrechen für unser *wahres* Selbst.

~

Karfreitag
FREITAG

29. März

Aus: Segen – Die heilende Kraft
© Vier-Türme GmbH, Verlag, Münsterschwarzach

Das **Kreuz** ist das Hoffnungssymbol; das Scheitern zerbricht uns nicht, sondern bricht uns für neue Möglichkeiten auf.

Karsamstag
S A M S T A G

30. März

Aus: Segen – Die heilende Kraft
© Vier-Türme GmbH, Verlag, Münsterschwarzach

Die Auferstehung Jesu will uns **Mut** schenken, dass auch wir aufstehen aus dem Grab unserer Resignation, unseres Selbstmitleids.

Ostersonntag | Beginn der Sommerzeit

SONNTAG

31. März

Aus: Wage den Neuanfang
© Vier-Türme GmbH, Verlag, Münsterschwarzach

April

Wir sollen **aufrecht** zu den Menschen gehen und ihnen Mut machen, immer wieder aufzustehen, wenn sie gefallen sind und das Geheimnis der Auferstehung mitten im Alltag zu erfahren.

Ostermontag
MONTAG

1. April

Aus: Der Kreuzweg der Kirche
© Vier-Türme GmbH, Verlag, Münsterschwarzach

Auferstehung

heißt, dass wir nicht aus der Liebe Gottes fallen können.

DIENSTAG

2. April

Aus einem Predigttext
© Vier-Türme GmbH, Verlag, Münsterschwarzach

Glaube reicht in die **Zukunft.**

~

MITTWOCH

3. April

Aus: Wie hältst Du's mit der Religion? – 75 Fragen an Anselm Grün
© Vier-Türme GmbH, Verlag, Münsterschwarzach

Die
Dankbarkeit
macht glücklich.

∼

DONNERSTAG

4. April

Aus: Segen – Die heilende Kraft
© Vier-Türme GmbH, Verlag, Münsterschwarzach

Gottes Segen sei in meiner Schwäche und in meiner Kraft, in meiner Ohnmacht und in meiner **Stärke,** in meiner Angst und in meinem Vertrauen.

~

FREITAG

5. April

Aus: Du kannst vertrauen – Worte der Zuversicht in Zeiten der Krankheit
© Vier-Türme GmbH, Verlag, Münsterschwarzach

Die **Demut** ist leise.
Sie macht nichts aus sich.
Sie ist einfach da.

~

SAMSTAG

6. April

Aus: Gesundheit als geistliche Aufgabe
© Vier-Türme GmbH, Verlag, Münsterschwarzach

Wir dürfen darauf **vertrauen,** dass unser Gebet wirksam ist.

~

SONNTAG

7. April

Aus: Segen – Die heilende Kraft
© Vier-Türme GmbH, Verlag, Münsterschwarzach

Die Reinheit des Herzens bedeutet die Ermöglichung wahrer **Liebe,** die nicht durch egozentrische Motive verdunkelt ist.

MONTAG

8. April

Aus: Inseln im Alltag – Benediktinische Exerzitien
© Vier-Türme GmbH, Verlag, Münsterschwarzach

Nur wenn wir im Gespräch aus unseren **inneren** Feinden Freunde machen, werden wir mit uns selbst in Frieden kommen.

DIENSTAG

9. April

Aus: Ein Geschenk für jeden Tag
© Vier-Türme GmbH, Verlag, Münsterschwarzach

In dem inneren Raum
der Stille sind wir **rein**
und klar.

~

MITTWOCH

10. April

Aus: Kreuz als Weg zum inneren Raum – Bilder und Meditationen
© Vier-Türme GmbH, Verlag, Münsterschwarzach

Die Spiritualität ist das
Vertrauen darauf, dass in uns
eine Quelle der Liebe
ist, die sich nie erschöpft,
weil sie göttlich ist.

DONNERSTAG

11. April

Aus einem Predigttext
© Vier-Türme GmbH, Verlag, Münsterschwarzach

In die Erfahrung des Scheiterns hinein sagt Gott, wir sollen dem **Leben** wieder trauen.

~

FREITAG

12. April

Aus: Warum musste Abel sterben? –
Mordgeschichten und andere Seltsamkeiten in der Bibel
© Vier-Türme GmbH, Verlag, Münsterschwarzach

Dort, wo das göttliche Kind in mir ist, bin ich **frei** von den Erwartungen der Menschen.

SAMSTAG

13. April

Aus: Selbstbestimmt im Alter – Ein Praxisbuch
© Vier-Türme GmbH, Verlag, Münsterschwarzach

Das Kreuz will nicht bedrücken, sondern erheben, nicht verletzen, sondern **heilen,** nicht belasten, sondern erleichtern.

~

SONNTAG

14. April

Aus: Fasten – Auf der Suche nach der Quelle des Lebens
© Vier-Türme GmbH, Verlag, Münsterschwarzach

Das Bild der Dreifaltigkeit ist ein heilsames Bild, das uns in das **Geheimnis** Gottes und in unser eigenes Geheimnis hineinführt.

~

MONTAG

15. April

Aus: Wie hältst Du's mit der Religion? – 75 Fragen an Anselm Grün
© Vier-Türme GmbH, Verlag, Münsterschwarzach

Damit man miteinander in Frieden leben kann, bedarf es der **Geduld.**

~

DIENSTAG

16. April

Aus: Selbstbestimmt im Alter – Ein Praxisbuch
© Vier-Türme GmbH, Verlag, Münsterschwarzach

Im Innersten
des Menschen wohnt Gott.

MITTWOCH

17. April

Aus einem Predigttext
© Vier-Türme GmbH, Verlag, Münsterschwarzach

Segnen heißt, gute **Worte** über die Dinge zu sagen.

~

DONNERSTAG

18. April

Aus: Segen – Die heilende Kraft
© Vier-Türme GmbH, Verlag, Münsterschwarzach

Im geschlossenen Garten unseres **Herzens** sät Gott den Samen seines Wortes ein.

~

FREITAG

19. April

Aus: Ruf in die Zeit 05/2021
© Vier-Türme GmbH, Verlag, Münsterschwarzach

Gott ist das **Größte**,
was gedacht werden kann.

~

SAMSTAG

20. April

Aus: Wie hältst Du's mit der Religion? – 75 Fragen an Anselm Grün
© Vier-Türme GmbH, Verlag, Münsterschwarzach

Vergebung

ist ein Akt der Befreiung.
Es bedeutet, dass ich mich
von der negativen Energie
befreie, die durch die
Verletzung in mir ist.

~

SONNTAG

21. April

Aus: Das glauben wir – Spiritualität für unsere Zeit
© Vier-Türme GmbH, Verlag, Münsterschwarzach

Rituale vertiefen die Beziehungen zwischen den Menschen und schaffen eine gemeinsame Identität.

~

MONTAG

22. April

Aus einem Predigttext
© Vier-Türme GmbH, Verlag, Münsterschwarzach

Man fühlt sich *freier,* wenn man vieles losgelassen hat.

~

DIENSTAG

23. April

Aus: Selbstbestimmt im Alter – Ein Praxisbuch
© Vier-Türme GmbH, Verlag, Münsterschwarzach

Wie in den Geschichten der Bibel lädt Jesus auch heute noch die Menschen ein, zu ihm zu kommen, denn er wird ihnen **Ruhe** verschaffen.

~

MITTWOCH

24. April

Aus: Gier – Auswege aus dem Streben nach immer mehr
© Vier-Türme GmbH, Verlag, Münsterschwarzach

Jede Erschütterung unseres Lebens ist eine Einladung, unser wahres Selbst zu entdecken, damit wir aus dieser inneren **Mitte** heraus leben.

DONNERSTAG

25. April

Aus: Gier – Auswege aus dem Streben nach immer mehr
© Vier-Türme GmbH, Verlag, Münsterschwarzach

Wer gegen seine innere Natur lebt, der **verletzt** sich selbst.

~

FREITAG

26. April

Aus einem Predigttext
© Vier-Türme GmbH, Verlag, Münsterschwarzach

Das Selbst ist die innere Mitte des Menschen. Dort sind das Bewusste und Unbewusste, die **Stärken** und die Schwächen, das Menschliche und das Göttliche in sich vereinigt.

SAMSTAG

27. April

Aus: Vertrauen – Spüre deine Lebenskraft!
© Vier-Türme GmbH, Verlag, Münsterschwarzach

Mit Konflikten gut umgehen, ist ein Teil der Kunst des gemeinsamen **Wachsens.**

~

SONNTAG

28. April

Aus einem Predigttext
© Vier-Türme GmbH, Verlag, Münsterschwarzach

Phantasie und Liebe, die ich hineinlege, machen den Wert eines Geschenkes aus.

~

MONTAG

29. April

Aus einem Predigttext
© Vier-Türme GmbH, Verlag, Münsterschwarzach

Eine Beziehung bleibt nur lebendig, wenn sie sich **wandelt.**

DIENSTAG

30. April

Aus: Selbstbestimmt im Alter – Ein Praxisbuch
© Vier-Türme GmbH, Verlag, Münsterschwarzach

Mai

Bei **allem** – in Gebet und Arbeit – soll Gott verherrlicht werden.

~

Maifeiertag

MITTWOCH

1. Mai

Aus: Ruf in die Zeit 05/2018
© Vier-Türme GmbH, Verlag, Münsterschwarzach

Gott wohnt überall, vor allem im menschlichen **Herzen.**

∼

DONNERSTAG

2. Mai

Aus: Wie hältst Du's mit der Religion? – 75 Fragen an Anselm Grün
© Vier-Türme GmbH, Verlag, Münsterschwarzach

Die **Sprache** des Glaubens will das Geheimnis Gottes und das Geheimnis des Menschen offenhalten.

~

FREITAG

3. Mai

Aus: Wie hältst Du's mit der Religion? – 75 Fragen an Anselm Grün
© Vier-Türme GmbH, Verlag, Münsterschwarzach

Du bist **geliebt.**

SAMSTAG

4. Mai

Aus: Glaube und Vernunft – Der sinnstiftende Grund von Religion
© Vier-Türme GmbH, Verlag, Münsterschwarzach

Gottes Segen sei über mir als ein **schützendes** Dach, das alles Bedrohliche von mir abhält.

~

SONNTAG

5. Mai

Aus: Du kannst vertrauen – Worte der Zuversicht in Zeiten der Krankheit
© Vier-Türme GmbH, Verlag, Münsterschwarzach

Es genügt, in **Treue** weiterzugehen, in der Hoffnung, dass ich irgendwann wieder die heilende Nähe Gottes spüren darf.

~

MONTAG

6. Mai

Aus: Jeder Tag ein neuer Anfang – Weisheit der Wüstenväter für das ganze Jahr
© Vier-Türme GmbH, Verlag, Münsterschwarzach

Gesegnetes bringt den Segen Gottes in den Alltag hinein.

DIENSTAG

7. Mai

Aus: Segen – Die heilende Kraft
© Vier-Türme GmbH, Verlag, Münsterschwarzach

In meinem inneren Raum der Stille finde ich das ursprüngliche Bild Gottes in mir, dort bin ich **heil** und ganz.

~

MITTWOCH

8. Mai

Aus: Du kannst vertrauen – Worte der Zuversicht in Zeiten der Krankheit
© Vier-Türme GmbH, Verlag, Münsterschwarzach

Durch Tod, Auferstehung und
Himmelfahrt
Jesu ist auch unser Tod verwandelt worden.

~

Christi Himmelfahrt

DONNERSTAG

9. Mai

Aus: Wie hältst Du's mit der Religion? – 75 Fragen an Anselm Grün
© Vier-Türme GmbH, Verlag, Münsterschwarzach

In der **Schönheit** der Schöpfung können wir die Schönheit Gottes selbst schauen.

FREITAG

10. Mai

Aus: Ruf in die Zeit 05/2017
© Vier-Türme GmbH, Verlag, Münsterschwarzach

Das Miteinander gelingt nur, wenn wir uns **bescheiden** mit dem, was wir einander zu geben vermögen.

SAMSTAG

11. Mai

Aus einem Predigttext
© Vier-Türme GmbH, Verlag, Münsterschwarzach

Wir können dankbar sein für die *Liebe,* die wir spüren dürfen.

Muttertag

SONNTAG

12. Mai

Aus einem Predigttext
© Vier-Türme GmbH, Verlag, Münsterschwarzach

Das Gebet oder der Segen, den wir über den anderen sprechen, kann uns wieder miteinander in **Berührung** bringen.

~

MONTAG

13. Mai

Aus: Geschwisterbande – Eine ganz besondere Beziehung
© Vier-Türme GmbH, Verlag, Münsterschwarzach

Wenn ich meinen Tag Gott
hinhalte, damit er alles
zum Segen werden lässt,
dann kann ich den Tag ganz
loslassen.

DIENSTAG

14. Mai

Aus: Segen – Die heilende Kraft
© Vier-Türme GmbH, Verlag, Münsterschwarzach

Auf dem Grund unserer Seele

vereinigt Christus

alle Gegensätze.

MITTWOCH

15. Mai

Aus der Predigt zum Dreifaltigkeitsfest 2016
© Vier-Türme GmbH, Verlag, Münsterschwarzach

Das göttliche **Kind** in mir bringt mich in Berührung mit den heilenden Kräften meiner Seele.

~

DONNERSTAG

16. Mai

Aus: Selbstbestimmt im Alter – Ein Praxisbuch
© Vier-Türme GmbH, Verlag, Münsterschwarzach

Geduld ist die Wurzel und Wächterin aller Tugenden.

FREITAG

17. Mai

Aus: Selbstbestimmt im Alter – Ein Praxisbuch
© Vier-Türme GmbH, Verlag, Münsterschwarzach

Dort, wo das Reich Gottes in uns ist, sind wir *frei* von der Macht der Menschen.

~

SAMSTAG

18. Mai

Aus einem Predigttext
© Vier-Türme GmbH, Verlag, Münsterschwarzach

Die Erfahrung des Heiligen Geistes ist für mich eine Erfahrung, die mich einfach **glauben** lässt.

Pfingstsonntag

SONNTAG

19. Mai

Aus: Auf dem Weg zur Freiheit
© Vier-Türme GmbH, Verlag, Münsterschwarzach

Heilig ist das, was meinem Zugriff und dem Zugriff der Welt entzogen ist.

~

Pfingstmontag
MONTAG

20. Mai

Aus einem Predigttext
© Vier-Türme GmbH, Verlag, Münsterschwarzach

Spiritualität

ist kein festgesetztes Ideal,
das wir verwirklichen,
sie ist ein Übungsweg.

~

DIENSTAG

21. Mai

Aus einem Predigttext
© Vier-Türme GmbH, Verlag, Münsterschwarzach

Gott ist **immer** jenseits all unserer Verstehensmöglichkeiten.

MITTWOCH

22. Mai

Aus: Wie hältst Du's mit der Religion? – 75 Fragen an Anselm Grün
© Vier-Türme GmbH, Verlag, Münsterschwarzach

Jesus **fordert** uns in den Geschichten der Bibel auf, aus der Zuschauerrolle herauszutreten.

DONNERSTAG

23. Mai

Aus: Macht – Eine verführerische Kraft
© Vier-Türme GmbH, Verlag, Münsterschwarzach

Die **Weisheit** des Alters besteht darin, zu unterscheiden, was zu meinem Alter gehört und was nicht.

FREITAG

24. Mai

Aus: Selbstbestimmt im Alter – Ein Praxisbuch
© Vier-Türme GmbH, Verlag, Münsterschwarzach

Keine Beziehung kommt ohne **Hingabe** aus.

SAMSTAG

25. Mai

Aus einem Predigttext
© Vier-Türme GmbH, Verlag, Münsterschwarzach

Glauben geschieht immer in Gemeinschaft.

~

SONNTAG

26. Mai

Aus: Wie hältst Du's mit der Religion? – 75 Fragen an Anselm Grün
© Vier-Türme GmbH, Verlag, Münsterschwarzach

Der **Weg** der mystischen Spiritualität ist eine vertiefte Form der Solidarität.

MONTAG

27. Mai

Aus: Inseln im Alltag – Benediktinische Exerzitien
© Vier-Türme GmbH, Verlag, Münsterschwarzach

Die Bilder der Natur können uns helfen, neue **Aspekte** der christlichen Botschaft zu entdecken.

DIENSTAG

28. Mai

Aus: Die Heilkraft der Natur – Kräuter, Mythen und Rituale im Jahreskreis
© Vier-Türme GmbH, Verlag, Münsterschwarzach

Wer sich geliebt weiß und sich selbst zu *lieben* vermag, der ist heil.

~

MITTWOCH

29. Mai

Aus: Damit dein Leben Freiheit atmet – Reinigende Rituale für Körper und Seele
© Vier-Türme GmbH, Verlag, Münsterschwarzach

Verantwortung heißt, dass ich mich in Frage stellen lasse und auf die Fragen **antworte.**

~

Fronleichnam

DONNERSTAG

30. Mai

Aus einem Predigttext
© Vier-Türme GmbH, Verlag, Münsterschwarzach

Wer sein inneres Haus auf **festen** Grund gebaut hat, kann durch keine Verletzung erschüttert werden.

FREITAG

31. Mai

Aus einem Predigttext
© Vier-Türme GmbH, Verlag, Münsterschwarzach

Juni

Wenn wir unseren Leib ansehen, dürfen wir **dankbar** sein, dass Gott uns geschaffen hat.

SAMSTAG

1. Juni

Aus: Was uns leben lässt – Biblische Weisheit für den Alltag
© Vier-Türme GmbH, Verlag, Münsterschwarzach

Demut ist der Mut, zu Dir zu stehen, so wie Du bist.

~

SONNTAG

2. Juni

Aus: Jeder Tag ein Segen
© Vier-Türme GmbH, Verlag, Münsterschwarzach

Wir können ein Wunder nicht erzwingen, sondern nur darauf **hoffen.**

MONTAG

3. Juni

Aus: Segen – Die heilende Kraft
© Vier-Türme GmbH, Verlag, Münsterschwarzach

Eine gesunde Spiritualität
drückte sich darin aus,
dass ich den **Alltag**
mit seinen Aufgaben und
Pflichten ernst nehme.

DIENSTAG

4. Juni

Aus einem Predigttext
© Vier-Türme GmbH, Verlag, Münsterschwarzach

Gottes Segen **umgebe** Dich wie ein Schild, der Pfeile abwehrt, die feindliche Menschen auf Dich schießen.

~

MITTWOCH

5. Juni

Aus: Jeder Tag ein Segen
© Vier-Türme GmbH, Verlag, Münsterschwarzach

Liebe will gelernt sein.

DONNERSTAG

6. Juni

Aus: Der kleine Prinz für kleine und große Leute
© Vier-Türme GmbH, Verlag, Münsterschwarzach

Wenn wir einen neuen Anfang setzen, dann fühlen wir uns **frei**.

FREITAG

7. Juni

Aus: Ein Geschenk für jeden Tag
© Vier-Türme GmbH, Verlag, Münsterschwarzach

Der **Klang** bringt
die Stille zum Klingen.

SAMSTAG

8. Juni

Aus: Höre, so wird deine Seele leben – Die spirituelle Kraft der Musik
© Vier-Türme GmbH, Verlag, Münsterschwarzach

Singen bringt uns in Berührung mit dem inneren Raum des Schweigens.

~

SONNTAG

9. Juni

Aus: Ein Geschenk für jeden Tag
© Vier-Türme GmbH, Verlag, Münsterschwarzach

Einssein mit Gott bedeutet **Einssein** mit der ganzen Schöpfung.

MONTAG

10. Juni

Aus: Inseln im Alltag – Benediktinische Exerzitien
© Vier-Türme GmbH, Verlag, Münsterschwarzach

Frieden und Versöhnung gehören zusammen.

DIENSTAG

11. Juni

Aus: Ein Geschenk für jeden Tag
© Vier-Türme GmbH, Verlag, Münsterschwarzach

Das **Gebet** führt Dich
in Deine eigene Wahrheit.

MITTWOCH

12. Juni

Aus: Gebet als Begegnung
© Vier-Türme GmbH, Verlag, Münsterschwarzach

Frage Dich in jeder Begegnung: Wo kann ich in Menschen **Leben** wecken?

~

DONNERSTAG

13. Juni

Aus: Macht – Eine verführerische Kraft
© Vier-Türme GmbH, Verlag, Münsterschwarzach

Als Kinder Gottes sind wir **frei** in dieser Welt.

FREITAG

14. Juni

Aus: Ein Geschenk für jeden Tag
© Vier-Türme GmbH, Verlag, Münsterschwarzach

Glauben heißt:
Ich traue Gott zu, dass er
helfen und **heilen** wird.

SAMSTAG

15. Juni

Aus: Wie hältst Du's mit der Religion? – 75 Fragen an Anselm Grün
© Vier-Türme GmbH, Verlag, Münsterschwarzach

Geduld ist die Tugend der Weisen.

~

SONNTAG

16. Juni

Aus: Selbstbestimmt im Alter – Ein Praxisbuch
© Vier-Türme GmbH, Verlag, Münsterschwarzach

Damit das **Miteinander** gelingt, braucht es auch Grenzen.

MONTAG

17. Juni

Aus einem Predigttext
© Vier-Türme GmbH, Verlag, Münsterschwarzach

Nur dort, wo in einem Haus auch das Geheimnis Gottes wohnt, vermag der Mensch **daheim** zu sein.

DIENSTAG

18. Juni

Aus: Wo ich zu Hause bin – Von der Sehnsucht nach Heimat
© Vier-Türme GmbH, Verlag, Münsterschwarzach

Gott will immer unsere Heiligung, unsere Heilung. Er will, dass wir den **Weg** in die Herrlichkeit gehen, die er uns zugedacht hat.

~

MITTWOCH

19. Juni

Aus: Fasten – Auf der Suche nach der Quelle des Lebens
© Vier-Türme GmbH, Verlag, Münsterschwarzach

Gott ist das Urschöne,
das sich uns in der
Schönheit zeigt.

∼

Sommeranfang

DONNERSTAG

20. Juni

Aus: Gott los werden? Warum der Glaube den Unglauben braucht
© Vier-Türme GmbH, Verlag, Münsterschwarzach

Bilder **wirken** auf uns mehr als Worte.

~

FREITAG

21. Juni

Aus: Ruf in die Zeit 09/2012
© Vier-Türme GmbH, Verlag, Münsterschwarzach

Jesus selbst ist das **Licht,** das in uns leuchtet.

SAMSTAG

22. Juni

Aus: Inseln im Alltag – Benediktinische Exerzitien
© Vier-Türme GmbH, Verlag, Münsterschwarzach

Niemand kann sein **Selbst** entfalten, ohne die Beziehung zu den Menschen und zur Welt zu berücksichtigen.

SONNTAG

23. Juni

Aus einem Predigttext
© Vier-Türme GmbH, Verlag, Münsterschwarzach

Die **Spur** der größeren Lebendigkeit ist die göttliche Spur in unserem Leben.

MONTAG

24. Juni

Aus einem Predigttext
© Vier-Türme GmbH, Verlag, Münsterschwarzach

Die Weisheit will einen Weg zeigen, wie wir auf gute Weise **leben** können.

~

DIENSTAG

25. Juni

Aus: Segen – Die heilende Kraft
© Vier-Türme GmbH, Verlag, Münsterschwarzach

Auf ein *gutes* Wort hin kann ein Mensch aufblühen.

MITTWOCH

26. Juni

Aus: Menschen führen, Leben wecken -
Anregungen aus der Regel Benedikts von Nursia
© Vier-Türme GmbH, Verlag, Münsterschwarzach

Ich bin nicht verantwortlich für die *Gefühle,* die in mir auftauchen, sondern dafür, wie ich mit ihnen umgehe.

~

DONNERSTAG

27. Juni

Aus einem Predigttext
© Vier-Türme GmbH, Verlag, Münsterschwarzach

Bei aller Offenheit bleibt in jedem Partner auch ein **Raum** des Geheimnisses, den der andere nicht einsehen kann.

FREITAG

28. Juni

Aus einem Predigttext
© Vier-Türme GmbH, Verlag, Münsterschwarzach

Auf dem Grund Deiner **Seele** findest Du Versöhnung.

~

SAMSTAG

29. Juni

Aus: Jeder Tag ein Segen
© Vier-Türme GmbH, Verlag, Münsterschwarzach

Der **siebte** Tag
ist ein Tag,
der mir selbst guttut.

～

SONNTAG

30. Juni

Aus: Segen – Die heilende Kraft
© Vier-Türme GmbH, Verlag, Münsterschwarzach

Liebe Leserin,
lieber Leser,

inzwischen ist bereits die Hälfte dieses Jahres vorüber und mein Tageskalender ist Dir hoffentlich zu einem guten Begleiter durch das Jahr geworden.

Dein Tageskalender Momente des Glücks 2025 ist ab sofort in der Buchhandlung in Deiner Nähe oder direkt beim Vier-Türme-Verlag erhältlich.

Dein

Vier-Türme-Verlag, 97359 Abtei Münsterschwarzach
Telefon 09324/20 292, Telefax 09324/20 495
E-Mail: info@vier-tuerme.de, www.vier-tuerme.de

Juli

Alles, was ich lese, **erweitert** meinen Horizont.

MONTAG

1. Juli

Aus: Von der Kunst allein zu sein
© Vier-Türme GmbH, Verlag, Münsterschwarzach

Glauben bedeutet: tiefer sehen, durch das Äußere hindurchsehen und im Menschen Gottes **Gegenwart** erkennen.

DIENSTAG

2. Juli

Aus: Wie hältst Du's mit der Religion? – 75 Fragen an Anselm Grün
© Vier-Türme GmbH, Verlag, Münsterschwarzach

Du kannst **dankbar** sein für Deine Vergangenheit, dass Du schon so viel erlebt hast und nun ein erfahrener Mann, eine erfahrene Frau geworden bist.

MITTWOCH

3. Juli

Aus: Alles Gute zum Geburtstag
© Vier-Türme GmbH, Verlag, Münsterschwarzach

Gottes Segen sei in mir als der **Trost,** der mich tröstet, der zu mir steht, der mir Halt gibt in meiner Unsicherheit.

~

DONNERSTAG

4. Juli

Aus: Du kannst vertrauen – Worte der Zuversicht in Zeiten der Krankheit
© Vier-Türme GmbH, Verlag, Münsterschwarzach

Jedem von uns ist die Hoffnung als Möglichkeit in die Seele gelegt.

~

FREITAG

5. Juli

Aus: Versäume nicht dein Leben
© Vier-Türme GmbH, Verlag, Münsterschwarzach

Gute Kommunikation braucht eine **spirituelle** Grundlage des Glaubens an den guten Kern im Gegenüber.

SAMSTAG

6. Juli

Aus einem Predigttext
© Vier-Türme GmbH, Verlag, Münsterschwarzach

Gebet ist keine fromme Flucht vor mir selbst, sondern zuerst einmal ehrliche und schonungslose Selbstbegegnung.

~

SONNTAG

7. Juli

Aus: Gebet als Begegnung
© Vier-Türme GmbH, Verlag, Münsterschwarzach

Wir haben teil an der Liebe Gottes. Das ist das größte **Geschenk,** das Gott uns geben kann.

MONTAG

8. Juli

Aus: Fasten – Auf der Suche nach der Quelle des Lebens
© Vier-Türme GmbH, Verlag, Münsterschwarzach

Die **Sehnsucht** hält uns lebendig.

DIENSTAG

9. Juli

Aus einem Predigttext
© Vier-Türme GmbH, Verlag, Münsterschwarzach

In mir ist ein **Raum** des Schweigens, in dem Gott selbst in mir wohnt.

MITTWOCH

10. Juli

Aus: Wo ich zu Hause bin – Von der Sehnsucht nach Heimat
© Vier-Türme GmbH, Verlag, Münsterschwarzach

Wenn Gottes Herrlichkeit in den Menschen **aufleuchtet,** dann wird sie auch in der Schöpfung sichtbar.

DONNERSTAG

11. Juli

Aus: Glaube und Vernunft - Der sinnstiftende Grund von Religion
© Vier-Türme GmbH, Verlag, Münsterschwarzach

Die Kraft des **Segens** zeigt sich als Fruchtbarkeit, Wachstum und Gedeihen beim Menschen und in der Natur.

FREITAG

12. Juli

Aus: Segen – Die heilende Kraft
© Vier-Türme GmbH, Verlag, Münsterschwarzach

In der **Taufe** wird jedes Kind zu König und Königin gesalbt, damit es frei sei und nicht von Bedürfnissen oder Erwartungen beherrscht werde.

SAMSTAG

13. Juli

Aus: Wie hältst Du's mit der Religion? – 75 Fragen an Anselm Grün
© Vier-Türme GmbH, Verlag, Münsterschwarzach

Das Bauwerk einer Kirche ist oft gebaute *Stille.*

~

SONNTAG

14. Juli

Aus dem Impulstext »Schule und Erziehung im Geiste Benedikts«
© Vier-Türme GmbH, Verlag, Münsterschwarzach

Wenn ich mir Freund bin,
kann ich auch mit einem
anderen
Freund sein.

~

MONTAG

15. Juli

Aus einem Predigttext
© Vier-Türme GmbH, Verlag, Münsterschwarzach

Die **Geduld** ist
wie eine Säule,
die das Leben trägt.

DIENSTAG

16. Juli

Aus: Selbstbestimmt im Alter – Ein Praxisbuch
© Vier-Türme GmbH, Verlag, Münsterschwarzach

Jede Beziehung wird **genährt** durch ein gutes Miteinander von Nähe und Distanz.

MITTWOCH

17. Juli

Aus einem Predigttext
© Vier-Türme GmbH, Verlag, Münsterschwarzach

Wirkliche **Heimat** finde ich nur dort, wo sich Menschen nach etwas sehnen, was das irdische Leben und Denken übersteigt.

~

DONNERSTAG

18. Juli

Aus: Wo ich zu Hause bin – Von der Sehnsucht nach Heimat
© Vier-Türme GmbH, Verlag, Münsterschwarzach

Der **Mensch** hat die Aufgabe, den schönen Garten, den Gott für ihn angelegt hat, zu hüten und zu pflegen.

~

FREITAG

19. Juli

Aus: Ruf in die Zeit 05/2017
© Vier-Türme GmbH, Verlag, Münsterschwarzach

Spiritualität heißt, immer mehr das Bild Gottes in mir zu entdecken und zu **entfalten,** immer mehr ich selbst zu werden.

~

SAMSTAG

20. Juli

Aus einem Predigttext
© Vier-Türme GmbH, Verlag, Münsterschwarzach

Rituale brauchen den **Atem** des Heiligen.

~

SONNTAG

21. Juli

Aus: Entdecke das Heilige in dir
© Vier-Türme GmbH, Verlag, Münsterschwarzach

Jesus gibt uns den Auftrag mit auf den Weg, mit unseren Worten **Frieden** zu bringen.

MONTAG

22. Juli

Aus: Gier - Auswege aus dem Streben nach immer mehr
© Vier-Türme GmbH, Verlag, Münsterschwarzach

Jede Pause birgt in sich schöpferische **Kraft.**

~

DIENSTAG

23. Juli

Aus einem Predigttext
© Vier-Türme GmbH, Verlag, Münsterschwarzach

Nur wer einen Sinn im Alter erkennt, kann **zufrieden** und gelöst leben.

MITTWOCH

24. Juli

Aus: Selbstbestimmt im Alter – Ein Praxisbuch
© Vier-Türme GmbH, Verlag, Münsterschwarzach

Damit wir offene und bereite Hände haben, wertvolle Dinge anzunehmen, ist es nötig, **rechtzeitig** Altes loszulassen.

~

DONNERSTAG

25. Juli

Aus: Selbstbestimmt im Alter – Ein Praxisbuch
© Vier-Türme GmbH, Verlag, Münsterschwarzach

Die **Weisheit** ist ein Aspekt der Würde des alten Menschen.

FREITAG

26. Juli

Aus: Selbstbestimmt im Alter – Ein Praxisbuch
© Vier-Türme GmbH, Verlag, Münsterschwarzach

Verbindlichkeit und Verantwortung **gehören** zusammen.

SAMSTAG

27. Juli

Aus einem Predigttext
© Vier-Türme GmbH, Verlag, Münsterschwarzach

Vertrauen
lebt vom Vorschuss.

~

SONNTAG

28. Juli

Aus einem Predigttext
© Vier-Türme GmbH, Verlag, Münsterschwarzach

Gott ist die Liebe, die in uns strömt wie eine **Quelle,** die nie versiegt.

~

MONTAG

29. Juli

Aus: Wie hältst Du's mit der Religion? – 75 Fragen an Anselm Grün
© Vier-Türme GmbH, Verlag, Münsterschwarzach

Treue gibt den Partnern einen *festen* Grund, auf dem sie stehen können.

DIENSTAG

30. Juli

Aus einem Predigttext
© Vier-Türme GmbH, Verlag, Münsterschwarzach

Es gibt keine Dunkelheit,
die nicht wieder
erhellt werden kann.

~

MITTWOCH

31. Juli

Aus dem Predigttext »Ich bin ich selbst«
© Vier-Türme GmbH, Verlag, Münsterschwarzach

August

Glauben heißt:
Ich fühle mich
getragen
von Gott.

DONNERSTAG

1. August

Aus: Wie hältst Du's mit der Religion? – 75 Fragen an Anselm Grün
© Vier-Türme GmbH, Verlag, Münsterschwarzach

Wir werden das Altwerden nur dann gut meistern, wenn wir die Tugend der **Dankbarkeit** lernen.

FREITAG

2. August

Aus: Selbstbestimmt im Alter – Ein Praxisbuch
© Vier-Türme GmbH, Verlag, Münsterschwarzach

Gottes Segen sei in mir als die Kraft, die meine Schwäche **verwandelt.**

~

SAMSTAG

3. August

Aus: Du kannst vertrauen – Worte der Zuversicht in Zeiten der Krankheit
© Vier-Türme GmbH, Verlag, Münsterschwarzach

Demut ist der Mut, Deine eigene Menschlichkeit und Bedürftigkeit anzuerkennen.

SONNTAG

4. August

Aus einem Predigttext
© Vier-Türme GmbH, Verlag, Münsterschwarzach

Im Gebet wird unsere Seele auf Gott ausgerichtet und wir kommen **innerlich** in Ordnung.

~

MONTAG

5. August

Aus: Inseln im Alltag – Benediktinische Exerzitien
© Vier-Türme GmbH, Verlag, Münsterschwarzach

Der Weg der mystischen Spiritualität ist ein Weg, der in eine tiefere **Einheit** mit allen Menschen führt.

DIENSTAG

6. August

Aus: Inseln im Alltag – Benediktinische Exerzitien
© Vier-Türme GmbH, Verlag, Münsterschwarzach

Ein Gespräch wird nur **fruchtbar,** wenn wir uns ganz darauf einlassen.

MITTWOCH

7. August

Aus: Ein Geschenk für jeden Tag
© Vier-Türme GmbH, Verlag, Münsterschwarzach

In mir ist ein Raum des Schweigens, in dem ich vollkommen ich selbst bin, heil und ganz, wahrhaft **daheim.**

DONNERSTAG

8. August

Aus: Wo ich zu Hause bin – Von der Sehnsucht nach Heimat
© Vier-Türme GmbH, Verlag, Münsterschwarzach

Der **gelassene** Mensch ist immer auch geduldig.

~

FREITAG

9. August

Aus: Selbstbestimmt im Alter – Ein Praxisbuch
© Vier-Türme GmbH, Verlag, Münsterschwarzach

Menschliches Miteinander kann nur aus der *Vergebung* heraus bestehen.

SAMSTAG

10. August

Aus einem Predigttext
© Vier-Türme GmbH, Verlag, Münsterschwarzach

Der **siebte** Tag der Schöpfung ist ein Tag des Segens und der Ruhe.

~

SONNTAG

11. August

Aus: Segen – Die heilende Kraft
© Vier-Türme GmbH, Verlag, Münsterschwarzach

Achtsamkeit

heißt: aufwachen,
die Wirklichkeit so sehen,
wie sie ist.

~

MONTAG

12. August

Aus: Benediktinische Schöpfungsspiritualität
© Vier-Türme GmbH, Verlag, Münsterschwarzach

Spiritualität heißt:
Ich stelle mich **ehrlich** meinen Gefühlen und Bedürfnissen.

DIENSTAG

13. August

Aus einem Predigttext
© Vier-Türme GmbH, Verlag, Münsterschwarzach

Die Liebe ist ausgegossen
in unsere Herzen,
durchdringt unser Herz,
verwandelt es
und macht es liebesfähig.

MITTWOCH

14. August

Aus: Wie hältst Du's mit der Religion? – 75 Fragen an Anselm Grün
© Vier-Türme GmbH, Verlag, Münsterschwarzach

Wer im Glauben tiefer sieht, erfährt eine andere **Qualität** seines Lebens.

Mariä Himmelfahrt

DONNERSTAG

15. August

Aus: Wie hältst Du's mit der Religion? – 75 Fragen an Anselm Grün
© Vier-Türme GmbH, Verlag, Münsterschwarzach

Ich kann gelassener leben, wenn ich nicht nur meiner **Kraft** vertraue, sondern auch der Kraft des Heiligen Geistes, die als Quelle in mir sprudelt, damit ich aus ihr schöpfen kann.

~

FREITAG

16. August

Aus: Auf dem Weg zur Freiheit
© Vier-Türme GmbH, Verlag, Münsterschwarzach

Gott ist **immer** der gegenwärtige Gott.

~

SAMSTAG

17. August

Aus: Die Kunst, das rechte Maß zu finden
© Vier-Türme GmbH, Verlag, Münsterschwarzach

Unsere innere **Freiheit** kann uns keiner nehmen.

~

SONNTAG

18. August

Aus: Ein Geschenk für jeden Tag
© Vier-Türme GmbH, Verlag, Münsterschwarzach

Heilung geschieht in der Bibel immer in der Begegnung mit Jesus.

~

MONTAG

19. August

Aus: Die Kraft des Gebets
© Vier-Türme GmbH, Verlag, Münsterschwarzach

Beziehung zum anderen wird nur möglich, wenn ich ihn nicht bewerte, sondern **achtsam** wahrnehme.

DIENSTAG

20. August

Aus einem Predigttext
© Vier-Türme GmbH, Verlag, Münsterschwarzach

Die **Erfahrung** der Natur gehört zu einer gesunden Spiritualität dazu.

~

MITTWOCH

21. August

Aus: Warum musste Abel sterben? –
Mordgeschichten und andere Seltsamkeiten in der Bibel
© Vier-Türme GmbH, Verlag, Münsterschwarzach

Weisheit ist
die Bedingung dafür,
dass das Leben
gelingt.

~

DONNERSTAG

22. August

Aus: Segen – Die heilende Kraft
© Vier-Türme GmbH, Verlag, Münsterschwarzach

Ein gutes **Wort** schenkt uns Wärme und Geborgenheit.

FREITAG

23. August

Aus einem Predigttext
© Vier-Türme GmbH, Verlag, Münsterschwarzach

Auch wenn ein *Tag* wie der andere zu werden scheint, hält er doch Überraschungen für Dich bereit.

~

SAMSTAG

24. August

Aus: Segensrituale
© Vier-Türme GmbH, Verlag, Münsterschwarzach

Es gibt keine Angst,
die nicht wieder zu
Vertrauen
gewandelt werden kann.

~

SONNTAG

25. August

Aus dem Predigttext »Ich bin ich selbst«
© Vier-Türme GmbH, Verlag, Münsterschwarzach

Alle **Worte** Jesu sind Worte, die uns zum Leben einladen.

~

MONTAG

26. August

Aus: Vaterunser - Eine Hilfe zum richtigen Leben
© Vier-Türme GmbH, Verlag, Münsterschwarzach

Wer **sanft** ist gegenüber den Menschen und den Dingen um sich herum, der zieht andere an.

DIENSTAG

27. August

Aus: Selbstbestimmt im Alter – Ein Praxisbuch
© Vier-Türme GmbH, Verlag, Münsterschwarzach

Die väterliche Seite Gottes fordert die Menschen heraus, ihren *eigenen* Weg zu gehen.

MITTWOCH

28. August

Aus dem Impulstext »Schule und Erziehung im Geiste Benedikts«
© Vier-Türme GmbH, Verlag, Münsterschwarzach

Der Urlaub ist die Zeit, in der ich **gut** mit mir selbst umgehe.

DONNERSTAG

29. August

Aus: Für euch zwei
© Vier-Türme GmbH, Verlag, Münsterschwarzach

Der Tanz
verzaubert
den Menschen.

~

FREITAG

30. August

Aus: Sammle deine Kraft – Spirituelle und therapeutische Erfahrungen
© Vier-Türme GmbH, Verlag, Münsterschwarzach

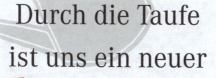

Durch die Taufe
ist uns ein neuer
Lebensraum
eröffnet worden.

~

SAMSTAG

31. August

Aus: Glaube und Vernunft – Der sinnstiftende Grund von Religion
© Vier-Türme GmbH, Verlag, Münsterschwarzach

September

Der Dankbare denkt mit dem **Herzen.**

~

SONNTAG

1. September

Aus: Selbstbestimmt im Alter – Ein Praxisbuch
© Vier-Türme GmbH, Verlag, Münsterschwarzach

Wenn wir den **Segen** Gottes über uns wahrnehmen, werden wir ein Segen für andere.

~

MONTAG

2. September

Aus: Was uns leben lässt – Biblische Weisheit für den Alltag
© Vier-Türme GmbH, Verlag, Münsterschwarzach

Von Gott allein kommt uns Hilfe und er allein ist der **Fels,** der uns Sicherheit verleiht, eine Burg, in der wir uns bergen können vor dem Sturm des Alltags.

DIENSTAG

3. September

Aus: Was uns leben lässt – Biblische Weisheit für den Alltag
© Vier-Türme GmbH, Verlag, Münsterschwarzach

Wer den Tag in einem Gebet Gott hinhält, der kann ihn **loslassen.**

MITTWOCH

4. September

Aus: Von der Kunst allein zu sein
© Vier-Türme GmbH, Verlag, Münsterschwarzach

Ob ich den Dingen **Macht** gebe oder nicht, hängt von den Vorstellungen ab, die ich mir von den Dingen mache.

DONNERSTAG

5. September

Aus einem Predigttext
© Vier-Türme GmbH, Verlag, Münsterschwarzach

Wenn sich der Kranke vom Gebet anderer getragen fühlt, **stärkt** es seine eigenen Abwehrkräfte.

FREITAG

6. September

Aus: Segen – Die heilende Kraft
© Vier-Türme GmbH, Verlag, Münsterschwarzach

Es gibt in mir nichts, was nicht von Gottes **Liebe** durchdrungen und angenommen ist.

SAMSTAG

7. September

Aus: Vertrauen – Spüre deine Lebenskraft!
© Vier-Türme GmbH, Verlag, Münsterschwarzach

Glauben bedeutet
für mich, dem Wort Gottes
zu **trauen,** das mir
aufzeigt, wer ich
eigentlich bin.

SONNTAG

8. September

Aus: Wie hältst Du's mit der Religion? – 75 Fragen an Anselm Grün
© Vier-Türme GmbH, Verlag, Münsterschwarzach

Die Meditation möchte uns in den **inneren** Raum der Stille führen, in dem Gott in uns wohnt.

MONTAG

9. September

Aus einem Predigttext
© Vier-Türme GmbH, Verlag, Münsterschwarzach

Gott ist wesentlich
Schönheit.

DIENSTAG

10. September

Aus: Was uns leben lässt – Biblische Weisheit für den Alltag
© Vier-Türme GmbH, Verlag, Münsterschwarzach

Wir kommen nur zur Ruhe, wenn wir unsere Wahrheit aushalten und darauf **vertrauen,** dass alles, was in uns auftauchen könnte, von Gottes Liebe durchdrungen ist.

~

MITTWOCH

11. September

Aus: Ein Geschenk für jeden Tag
© Vier-Türme GmbH, Verlag, Münsterschwarzach

Gerade dort, wo Du jetzt stehst, will Gott Dir **begegnen.**

~

DONNERSTAG

12. September

Aus: Wenn ich nicht mehr beten kann
© Vier-Türme GmbH, Verlag, Münsterschwarzach

In Augenblicken, in denen mir auf einmal alles **klar** erscheint, berühre ich den Heiligen Geist in mir, der mir das Verständnis meiner selbst schenkt.

~

FREITAG

13. September

Aus: Wie hältst Du's mit der Religion? – 75 Fragen an Anselm Grün
© Vier-Türme GmbH, Verlag, Münsterschwarzach

Wir können die Gegenwart Gottes mit allen **Sinnen** wahrnehmen.

SAMSTAG

14. September

Aus: Gott los werden? Warum der Glaube den Unglauben braucht
© Vier-Türme GmbH, Verlag, Münsterschwarzach

Das wahre Glück führt uns in die innere Freiheit.

~

SONNTAG

15. September

Aus einem Predigttext
© Vier-Türme GmbH, Verlag, Münsterschwarzach

Spiritualität will mich für Gott **öffnen**.

MONTAG

16. September

Aus einem Predigttext
© Vier-Türme GmbH, Verlag, Münsterschwarzach

Wenn ich in **guter** Beziehung zu den Dingen bin, kann mir das Seiten an mir zeigen, die ich sonst übersehen würde.

~

DIENSTAG

17. September

Aus einem Predigttext
© Vier-Türme GmbH, Verlag, Münsterschwarzach

Der Traum **beschreibt** mir in Bildern, wie es um mich steht.

~

MITTWOCH

18. September

Aus: Träume auf dem geistlichen Weg
© Vier-Türme GmbH, Verlag, Münsterschwarzach

In der **Liebe** eines Menschen erahnen wir, was es bedeutet, dass Gott uns liebt.

~

DONNERSTAG

19. September

Aus: Wie hältst Du's mit der Religion? – 75 Fragen an Anselm Grün
© Vier-Türme GmbH, Verlag, Münsterschwarzach

Auch in der Partnerschaft braucht es immer wieder die **Begegnung.**

FREITAG

20. September

Aus einem Predigttext
© Vier-Türme GmbH, Verlag, Münsterschwarzach

Es gibt keine Trostlosigkeit, die nicht wieder **Trost** finden kann.

SAMSTAG

21. September

Aus dem Predigttext »Ich bin ich selbst«
© Vier-Türme GmbH, Verlag, Münsterschwarzach

Achte auf Deine Worte,
dass es Worte werden, die
das **Gute** im Menschen
ansprechen und wecken.

~

Herbstanfang

SONNTAG

22. September

Aus: Jeder Tag ein Segen
© Vier-Türme GmbH, Verlag, Münsterschwarzach

Von Menschen,
die **gelassen** sind,
geht etwas aus,
das andere anzieht.

MONTAG

23. September

Aus: Selbstbestimmt im Alter – Ein Praxisbuch
© Vier-Türme GmbH, Verlag, Münsterschwarzach

Tugenden sind **Werte,** die unser Leben wertvoll machen und unsere Würde schützen.

~

DIENSTAG

24. September

Aus: Selbstbestimmt im Alter – Ein Praxisbuch
© Vier-Türme GmbH, Verlag, Münsterschwarzach

Angst lähmt,
Vertrauen bringt
in Bewegung.

MITTWOCH

25. September

Aus dem Impulstext »Schule und Erziehung im Geiste Benedikts«
© Vier-Türme GmbH, Verlag, Münsterschwarzach

Ein Konflikt kann eine **Chance** sein, von den oberflächlichen Reibungspunkten in die Tiefe zu gelangen, wo wir unseren gemeinsamen Grund haben.

~

DONNERSTAG

26. September

Aus einem Predigttext
© Vier-Türme GmbH, Verlag, Münsterschwarzach

Ich **wünsche** Dir, dass Du immer mehr der wirst, der Du von Gott her bist.

~

FREITAG

27. September

Aus einem Predigttext
© Vier-Türme GmbH, Verlag, Münsterschwarzach

Du musst nicht immer alles **perfekt** machen!

SAMSTAG

28. September

Aus: Du schaffst das!
© Vier-Türme GmbH, Verlag, Münsterschwarzach

Das Heute ist **wichtig.** Dieser eine Augenblick ist wichtig.

~

SONNTAG

29. September

Aus: Was uns leben lässt – Biblische Weisheit für den Alltag
© Vier-Türme GmbH, Verlag, Münsterschwarzach

Ich bin **wertvoll,**

ganz gleich, wie es mir geht.

MONTAG

30. September

Aus: Selbstbestimmt im Alter – Ein Praxisbuch
© Vier-Türme GmbH, Verlag, Münsterschwarzach

Oktober

Ich weiß, dass jeder Augenblick von Gottes Segen erfüllt ist, dass Gottes **Segen** über jedem Gespräch steht, über jeder Arbeit, über jeder Begegnung.

∼

DIENSTAG

1. Oktober

Aus: Was uns leben lässt – Biblische Weisheit für den Alltag
© Vier-Türme GmbH, Verlag, Münsterschwarzach

Es verlangt Ehrlichkeit und zugleich **Demut,** mit allem, was in mir ist, Beziehung aufzunehmen.

~

MITTWOCH

2. Oktober

Aus einem Predigttext
© Vier-Türme GmbH, Verlag, Münsterschwarzach

Durch das Gebet werden verschiedene **Menschen** zu einer Gemeinschaft.

Tag der Deutschen Einheit

DONNERSTAG

3. Oktober

Aus: Von der Kraft des Anfangs –
Was wir von den ersten Christen lernen können
© Vier-Türme GmbH, Verlag, Münsterschwarzach

Auch das schweigende

Hinhalten

meiner Wirklichkeit
ist Gebet.

FREITAG

4. Oktober

Aus: Spiritualität – Damit mein Leben gelingt
© Vier-Türme GmbH, Verlag, Münsterschwarzach

Ich glaube, dass jeder Mensch ein einmaliges **Bild** ist, das Gott sich nur von diesem Menschen macht.

~

SAMSTAG

5. Oktober

Aus: Sag mal, Onkel Willi – Ein Dialog über die großen Fragen des Lebens
© Vier-Türme GmbH, Verlag, Münsterschwarzach

Die Zeit der **Ernte** ist
die Zeit der Freude
und Dankbarkeit.

Erntedankfest

SONNTAG

6. Oktober

Aus: Ein Geschenk für jeden Tag
© Vier-Türme GmbH, Verlag, Münsterschwarzach

Gott ist die Liebe, die **Energie** in uns und in allem, und zugleich ist er immer noch mehr.

~

MONTAG

7. Oktober

Aus: Das glauben wir – Spiritualität für unsere Zeit
© Vier-Türme GmbH, Verlag, Münsterschwarzach

In der **Schönheit** der Schöpfung können wir Gott als das Urschöne erkennen.

~

DIENSTAG

8. Oktober

Aus: Wie hältst Du's mit der Religion? – 75 Fragen an Anselm Grün
© Vier-Türme GmbH, Verlag, Münsterschwarzach

In Gott musst Du nicht mehr gehen. Da bist Du **daheim.** Da kannst Du ausruhen.

MITTWOCH

9. Oktober

Aus: Viel Glück und viel Segen
© Vier-Türme GmbH, Verlag, Münsterschwarzach

Es gibt einen Raum in Dir, in dem Gott als das **Geheimnis** in Dir wohnt. Weil das Geheimnis in Dir wohnt, kannst Du in Dir selbst daheim sein.

~

DONNERSTAG

10. Oktober

Aus: Fasten – Auf der Suche nach der Quelle des Lebens
© Vier-Türme GmbH, Verlag, Münsterschwarzach

Dort, wo Gott in uns herrscht, sind wir *frei* gegenüber dem, was andere von uns denken.

~

FREITAG

11. Oktober

Aus: Die Kraft des Gebets
© Vier-Türme GmbH, Verlag, Münsterschwarzach

Die Spiritualität möchte das ganz **konkrete** Leben durchdringen und verwandeln.

~

SAMSTAG

12. Oktober

Aus einem Predigttext
© Vier-Türme GmbH, Verlag, Münsterschwarzach

Der siebte Tag ist ein Tag, der **heilig** ist, über den die Welt mit ihren ökonomischen Zwängen keine Macht hat.

~

SONNTAG

13. Oktober

Aus: Segen – Die heilende Kraft
© Vier-Türme GmbH, Verlag, Münsterschwarzach

Wirkliche Lust am Leben erlebt nur der, der ganz in der **Gegenwart** lebt, der innerlich frei ist und dem nachjagt, was ihm wahren Frieden bringt.

∼

MONTAG

14. Oktober

Aus: Gier – Auswege aus dem Streben nach immer mehr
© Vier-Türme GmbH, Verlag, Münsterschwarzach

Rituale sind der Ort,
wo **Gefühle**
ausgedrückt werden,
die sonst nie
ausgedrückt werden.

~

DIENSTAG

15. Oktober

Aus einem Predigttext
© Vier-Türme GmbH, Verlag, Münsterschwarzach

Gelassenheit

hat mit Loslassen zu tun.

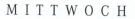

MITTWOCH

16. Oktober

Aus: Selbstbestimmt im Alter – Ein Praxisbuch
© Vier-Türme GmbH, Verlag, Münsterschwarzach

Ein **gutes** Wort zu sagen, ist ein Zeichen von Weisheit.

~

DONNERSTAG

17. Oktober

Aus: Segen – Die heilende Kraft
© Vier-Türme GmbH, Verlag, Münsterschwarzach

Wer Verantwortung übernimmt, der wird **bescheiden.**

~

FREITAG

18. Oktober

Aus einem Predigttext
© Vier-Türme GmbH, Verlag, Münsterschwarzach

Es gibt keine Verlassenheit,
die nicht wieder Geborgenheit
und **Wärme**
finden kann.

~

SAMSTAG

19. Oktober

Aus dem Predigttext »Ich bin ich selbst«
© Vier-Türme GmbH, Verlag, Münsterschwarzach

Der Sanftmütige nimmt den **anderen** an, wie er ist.

SONNTAG

20. Oktober

Aus: Selbstbestimmt im Alter – Ein Praxisbuch
© Vier-Türme GmbH, Verlag, Münsterschwarzach

Im **Hören**
voneinander haben wir teil
an der Herkunft des anderen,
an seiner Geschichte, an
dem, was er an Erfahrungen
gemacht hat.

~

MONTAG

21. Oktober

Aus einem Predigttext
© Vier-Türme GmbH, Verlag, Münsterschwarzach

Begegnung

ist ein Geschehen, das die Begegnenden verwandelt.

~

DIENSTAG

22. Oktober

Aus: Gebet als Begegnung
© Vier-Türme GmbH, Verlag, Münsterschwarzach

Glaube heißt, dass ich mein **Vertrauen** auf Gott setze.

~

MITTWOCH

23. Oktober

Aus dem Impulstext »Schule und Erziehung im Geiste Benedikts«
© Vier-Türme GmbH, Verlag, Münsterschwarzach

Tugenden sind eine Quelle von **Kraft** für unser Leben.

~

DONNERSTAG

24. Oktober

Aus: Selbstbestimmt im Alter – Ein Praxisbuch
© Vier-Türme GmbH, Verlag, Münsterschwarzach

In dem Augenblick,
da ich mich vergesse,
bin ich ganz präsent.

FREITAG

25. Oktober

Aus einem Predigttext
© Vier-Türme GmbH, Verlag, Münsterschwarzach

Wer vor seinem inneren Chaos nicht wegläuft, ihm nicht ausweicht, der kann seiner Wahrheit **begegnen.**

SAMSTAG

26. Oktober

Aus: Inseln im Alltag – Benediktinische Exerzitien
© Vier-Türme GmbH, Verlag, Münsterschwarzach

Gelassen ist nur der, der in seiner **Mitte** ruht.

Ende der Sommerzeit

SONNTAG

27. Oktober

Aus: Selbstbestimmt im Alter – Ein Praxisbuch
© Vier-Türme GmbH, Verlag, Münsterschwarzach

Wir sind aufgerufen, uns vom Geist Jesu **leiten** zu lassen.

MONTAG

28. Oktober

Aus: Glaube und Vernunft - Der sinnstiftende Grund von Religion
© Vier-Türme GmbH, Verlag, Münsterschwarzach

Der Weg der mystischen **Spiritualität** meint, die Spannung zwischen Verzweiflung und Sehnsucht auszuhalten.

∼

DIENSTAG

29. Oktober

Aus: Sag mal, Onkel Willi – Ein Dialog über die großen Fragen des Lebens
© Vier-Türme GmbH, Verlag, Münsterschwarzach

In der Taufe sind wir mit göttlichem **Leben** erfüllt.

~

MITTWOCH

30. Oktober

Aus einem Predigttext
© Vier-Türme GmbH, Verlag, Münsterschwarzach

Der Geist der Liebe,
der vom Kreuz herab die
Christen miteinander eint, ist
stärker als alle Zwistigkeiten
und Streitigkeiten unter
den Christen.

~

Reformationstag

DONNERSTAG

31. Oktober

Aus: Der Kreuzweg der Kirche
© Vier-Türme GmbH, Verlag, Münsterschwarzach

Das Nachdenken über den Tod *dient* dem Leben.

Allerheiligen

FREITAG

1. November

Aus: Leben aus dem Tod
© Vier-Türme GmbH, Verlag, Münsterschwarzach

Das Fest Allerseelen möchte uns mit unseren eigenen **Wurzeln** in Berührung bringen.

~

Allerseelen
SAMSTAG
2. November

Aus einem Predigttext
© Vier-Türme GmbH, Verlag, Münsterschwarzach

Dankbarkeit erfüllt uns mit innerem **Frieden** und Freude.

SONNTAG

3. November

Aus: Die Heilkraft der Natur – Kräuter, Mythen und Rituale im Jahreskreis
© Vier-Türme GmbH, Verlag, Münsterschwarzach

Geduld und Standhaftigkeit stärken unsere Hoffnung.

MONTAG

4. November

Aus: Glaube und Vernunft - Der sinnstiftende Grund von Religion
© Vier-Türme GmbH, Verlag, Münsterschwarzach

Innere **Freiheit** ermöglicht ein Einlassen auf die Regeln einer Gemeinschaft.

DIENSTAG

5. November

Aus: Ruf in die Zeit 06/2019
© Vier-Türme GmbH, Verlag, Münsterschwarzach

Für mich ist Liebe
die Qualität allen Seins,
der **Grund**
allen Seins.

~

MITTWOCH

6. November

Aus: Neu denken, eins werden – Gott erfahren im Menschen und in der Welt
© Vier-Türme GmbH, Verlag, Münsterschwarzach

Die Einsamkeit wird dann für uns *fruchtbar,* wenn sie für uns zur Zweisamkeit wird, zum unablässigen Zwiegespräch mit Gott.

DONNERSTAG

7. November

Aus: Der Weg durch die Wüste
© Vier-Türme GmbH, Verlag, Münsterschwarzach

Gott hat die Dinge
so geschaffen, dass sie
das **Leben**
des Menschen fördern.

~

FREITAG

8. November

Aus: Was uns leben lässt – Biblische Weisheit für den Alltag
© Vier-Türme GmbH, Verlag, Münsterschwarzach

Vertraue darauf, dass Gottes Segen Dich und die Menschen um Dich herum mit **Frieden** erfüllt und so Frieden unter Euch ermöglicht.

~

SAMSTAG

9. November

Aus: Jeder Tag ein Segen
© Vier-Türme GmbH, Verlag, Münsterschwarzach

Anselm Grün
Hoffnungslichter –
Der Adventskalender
aus dem Kloster
48 Seiten, geheftet,
mit Loch zum Aufhängen
ISBN 978-3-7365-0523-0

Der Advent fällt in die dunkelste Zeit des Jahres, wenn die Tage am kürzesten und die Nächte lang und kalt sind. Gerade dann zünden die Menschen in ihren Häusern und auf den Straßen Lichter an. Sie stehen symbolisch für das Licht der Hoffnung, das wir an Weihnachten feiern: Jesus, der Sohn Gottes, ist Mensch geworden. Doch Anselm Grün macht in diesem Kalender deutlich: Überall dort, wo einer dem anderen ein Licht in der Dunkelheit ist, wo Versöhnung möglich wird, wo die Liebe stärker ist als der Tod, wo Armut und Elend überwunden werden können und Fremde eine Heimat finden, überall dort zünden wir Lichter der Hoffnung an, wird Jesus auch heute wieder geboren und die Welt ein Stück besser, hoffnungsvoller und heller.

Vier-Türme-Verlag, 97359 Abtei Münsterschwarzach
Telefon 09324 / 20 292, Telefax: 09324 / 20 495
E-mail: info@vier-tuerme.de, www.vier-tuerme.de

Das Gebet **verändert** unsere Ausstrahlung.

SONNTAG

10. November

Aus: Gebet als Begegnung
© Vier-Türme GmbH, Verlag, Münsterschwarzach

Indem wir Gottes Wort in unsere traurige Stimmung hineinsprechen lassen, dürfen wir darauf vertrauen, dass wir mit der Freude, die in uns ist, in Berührung kommen.

Martin
MONTAG

11. November

Aus: Jeder Tag ein neuer Anfang – Weisheit der Wüstenväter für das ganze Jahr
© Vier-Türme GmbH, Verlag, Münsterschwarzach

Ein wesentlicher Ausdruck der christlichen Spiritualität ist der bewusste **Umgang** mit dem Tod.

~

DIENSTAG

12. November

Aus einem Predigttext
© Vier-Türme GmbH, Verlag, Münsterschwarzach

Der Heilige Geist ist als **Beistand** der beste Tröster, den wir bekommen können. Er tritt in unsere Einsamkeit ein, er geht mit uns und steht uns bei.

MITTWOCH

13. November

Aus: Trau deiner Kraft
© Vier-Türme GmbH, Verlag, Münsterschwarzach

Gott ist in Dir der tiefste **Grund** Deiner Seele.

~

DONNERSTAG

14. November

Aus: Sag mal, Onkel Willi - Ein Dialog über die großen Fragen des Lebens
© Vier-Türme GmbH, Verlag, Münsterschwarzach

Es ist **entlastend,** alles, was wir tun, unter den Segen Gottes zu stellen.

~

FREITAG

15. November

Aus: Segen – Die heilende Kraft
© Vier-Türme GmbH, Verlag, Münsterschwarzach

Das Schöne **behalten** wir
in unserem Herzen.

SAMSTAG

16. November

Aus: Bilder der Seele – Die heilende Kraft des Jahreskreises
© Vier-Türme GmbH, Verlag, Münsterschwarzach

Wenn ich mit dem
ursprünglichen Bild
Gottes in mir in
Berührung bin,
dann habe ich es nicht nötig,
mich nach außen hin
zu beweisen.

~

SONNTAG

17. November

Aus: Sag mal, Onkel Willi – Ein Dialog über die großen Fragen des Lebens
© Vier-Türme GmbH, Verlag, Münsterschwarzach

Wer **bewusst** lebt, wer in Berührung ist mit der göttlichen Wirklichkeit, der ist frei von den Erwartungen der Menschen.

~

MONTAG

18. November

Aus einem Predigttext
© Vier-Türme GmbH, Verlag, Münsterschwarzach

Das Loslassen von Besitz macht uns **offen** für andere Menschen.

~

DIENSTAG

19. November

Aus: Ehelos – des Lebens wegen
© Vier-Türme GmbH, Verlag, Münsterschwarzach

Es gibt keinen Tod, der nicht in *neues* Leben verwandelt werden kann.

~

Buß- und Bettag

MITTWOCH

20. November

Aus: Wie hältst Du's mit der Religion? – 75 Fragen an Anselm Grün
© Vier-Türme GmbH, Verlag, Münsterschwarzach

Die **Natur** ist die Lehrmeisterin, die uns in die Kunst des Lebens einführt.

DONNERSTAG

21. November

Aus: Warum musste Abel sterben? -
Mordgeschichten und andere Seltsamkeiten in der Bibel
© Vier-Türme GmbH, Verlag, Münsterschwarzach

Führung heißt,
die Menschen zu motivieren,
sie zu **beflügeln,**
sie zur Kreativität ermutigen.

FREITAG

22. November

Aus: Menschen führen, Leben wecken -
Anregungen aus der Regel Benedikts von Nursia
© Vier-Türme GmbH, Verlag, Münsterschwarzach

Die biblischen Texte
verheißen mir,
dass mein Leben neue
Frucht bringt.

SAMSTAG

23. November

Aus: Warum musste Abel sterben? –
Mordgeschichten und andere Seltsamkeiten in der Bibel
© Vier-Türme GmbH, Verlag, Münsterschwarzach

Jede **Beziehung** braucht immer wieder Stärkung, Erfrischung und Erneuerung.

~

Totensonntag
SONNTAG

24. November

Aus einem Predigttext
© Vier-Türme GmbH, Verlag, Münsterschwarzach

Im Alter ist die **Sanftmut** eine Tugend, die den Menschen krönt.

MONTAG

25. November

Aus: Selbstbestimmt im Alter – Ein Praxisbuch
© Vier-Türme GmbH, Verlag, Münsterschwarzach

Jede Erschütterung unseres Lebens ist eine Einladung, mit unserem wahren **Selbst** in Berührung zu kommen.

DIENSTAG

26. November

Aus: Gier – Auswege aus dem Streben nach immer mehr
© Vier-Türme GmbH, Verlag, Münsterschwarzach

Die Einfachheit schenkt mir die *Freiheit* aufzuatmen.

MITTWOCH

27. November

Aus: Damit dein Leben Freiheit atmet – Reinigende Rituale für Körper und Seele
© Vier-Türme GmbH, Verlag, Münsterschwarzach

Vergebung **reinigt** die Atmosphäre.

DONNERSTAG

28. November

Aus einem Predigttext
© Vier-Türme GmbH, Verlag, Münsterschwarzach

Wenn Du gegenwärtig
bist, wirst Du auch Gott
begegnen,
der schon da ist.

FREITAG

29. November

Aus: Wenn ich nicht mehr beten kann
© Vier-Türme GmbH, Verlag, Münsterschwarzach

Gott suchen heißt, nach Gott zu *fragen* und zu forschen, wie wir die Welt verstehen können.

~

SAMSTAG

30. November

Aus: Gott los werden? Warum der Glaube den Unglauben braucht
© Vier-Türme GmbH, Verlag, Münsterschwarzach

Dezember

Unser Glaube hat eine **heilende** Dimension, er will den Menschen guttun.

~

1. Advent

SONNTAG

1. Dezember

Aus: Von der Kraft des Anfangs –
Was wir von den ersten Christen lernen können
© Vier-Türme GmbH, Verlag, Münsterschwarzach

Der Alltag darf in der Adventszeit vom *Licht* Jesu verwandelt werden.

MONTAG

2. Dezember

Aus: Die Heilkraft der Natur – Kräuter, Mythen und Rituale im Jahreskreis
© Vier-Türme GmbH, Verlag, Münsterschwarzach

Es ist ein schönes Abendritual, die **Hände** in Form einer Schale Gott hinzuhalten, um dem vergangenen Tag Gestalt zu geben.

∽

DIENSTAG

3. Dezember

Aus: Von der Kunst allein zu sein
© Vier-Türme GmbH, Verlag, Münsterschwarzach

Wir berühren in den **Blumen** Gott als den Schöpfer.

Barbara

MITTWOCH

4. Dezember

Aus: Von der Kraft des Anfangs –
Was wir von den ersten Christen lernen können
© Vier-Türme GmbH, Verlag, Münsterschwarzach

Die Adventszeit lädt uns ein, nach **innen** zu gehen und zu überlegen, was wir in dieser so intensiven Zeit des Jahres besser machen können als sonst.

DONNERSTAG

5. Dezember

Aus: Licht und Stille –
Ein spiritueller Begleiter für den Advent und die Weihnachtszeit
© Vier-Türme GmbH, Verlag, Münsterschwarzach

Gott wird mit Dir sein,
auch wenn Du nicht
an ihn denkst.

~

Nikolaus

FREITAG

6. Dezember

Aus: Ein Jahr voller Glück – Gute Gedanken für jeden Tag
© Vier-Türme GmbH, Verlag, Münsterschwarzach

Ruhe des Herzens meint nicht nur, dass der Mensch seine Gedanken aus der Zerstreuung zurückruft und sie auf Gott hin sammelt, sondern dass er auch in seinen Gefühlen in Gott zur Ruhe kommt.

SAMSTAG

7. Dezember

Aus: Reinheit des Herzens
© Vier-Türme GmbH, Verlag, Münsterschwarzach

Der Adventskranz zeigt, wie Gott alles in uns **erhellen** und alles Zerbrochene wieder ganz machen wird.

2. Advent

SONNTAG

8. Dezember

Aus: Die Heilkraft der Natur – Kräuter, Mythen und Rituale im Jahreskreis
© Vier-Türme GmbH, Verlag, Münsterschwarzach

Im Beten erkennen wir, wer wir in **Wirklichkeit** sind.

MONTAG

9. Dezember

Aus: Inseln im Alltag – Benediktinische Exerzitien
© Vier-Türme GmbH, Verlag, Münsterschwarzach

Du weißt, der **Morgen** wird kommen, auch wenn Dir die Nacht endlos erscheint.

~

DIENSTAG

10. Dezember

Aus: Wenn ich nicht mehr beten kann
© Vier-Türme GmbH, Verlag, Münsterschwarzach

Wir feiern an Weihnachten nicht nur die Menschwerdung Gottes, sondern auch unsere *eigene* Menschwerdung.

MITTWOCH

11. Dezember

Aus: Vom Himmel hoch, da komm ich her
© Vier-Türme GmbH, Verlag, Münsterschwarzach

Dankbarkeit gehört zum Wesen des Menschen, der als Geschöpf **dankbar** ist, dass er geschaffen ist und wie er geschaffen ist.

~

DONNERSTAG

12. Dezember

Aus: Segen – Die heilende Kraft
© Vier-Türme GmbH, Verlag, Münsterschwarzach

Dort, wo Gott im Menschen wohnt, kommt dieser zu seinem **wahren** Selbst.

~

FREITAG

13. Dezember

Aus einem Predigttext
© Vier-Türme GmbH, Verlag, Münsterschwarzach

Spiritualität in der Kommunikation meint, dass der andere *mehr* ist als die Bilder, die wir von ihm in uns tragen.

SAMSTAG

14. Dezember

Aus einem Predigttext
© Vier-Türme GmbH, Verlag, Münsterschwarzach

Wenn wir um das innere **Heiligtum** in uns wissen, dann erleben wir uns als schön und wertvoll.

~

3. Advent

SONNTAG

15. Dezember

Aus: Inseln im Alltag – Benediktinische Exerzitien
© Vier-Türme GmbH, Verlag, Münsterschwarzach

Wir sollen uns darum bemühen, dass wir **heil** und ganz werden, dass wir so werden, wie Gott es uns zugedacht hat.

MONTAG

16. Dezember

Aus: Von der Kraft des Anfangs –
Was wir von den ersten Christen lernen können
© Vier-Türme GmbH, Verlag, Münsterschwarzach

Gott ist jenseits aller Bilder.

DIENSTAG

17. Dezember

Aus: Segen – Die heilende Kraft
© Vier-Türme GmbH, Verlag, Münsterschwarzach

Alles in dieser Welt ist **heilig,** weil alles durchdrungen ist vom schöpferischen Geist Gottes.

~

MITTWOCH

18. Dezember

Aus: Benediktinische Schöpfungsspiritualität
© Vier-Türme GmbH, Verlag, Münsterschwarzach

Damit Gemeinschaft gelingt, braucht es Geduld.

DONNERSTAG

19. Dezember

Aus: Selbstbestimmt im Alter – Ein Praxisbuch
© Vier-Türme GmbH, Verlag, Münsterschwarzach

Uns **wärmt** eine Liebe, die stärker ist als die Kälte dieser Zeit.

FREITAG

20. Dezember

Aus: Die Heilkraft der Natur – Kräuter, Mythen und Rituale im Jahreskreis
© Vier-Türme GmbH, Verlag, Münsterschwarzach

An Weihnachten feiern wir, dass in der Geburt Jesu das göttliche *Licht* unsere menschliche Finsternis erleuchtet.

Winteranfang
SAMSTAG

21. Dezember

Aus: Weihnachten – Zeit der Erfüllung
© Vier-Türme GmbH, Verlag, Münsterschwarzach

Der Glaube schenkt mir die Hoffnung, dass auch meine Dunkelheit sich **wandeln** wird.

~

4. Advent

SONNTAG

22. Dezember

Aus: Ein Licht auf deinem Weg
© Vier-Türme GmbH, Verlag, Münsterschwarzach

Damit wir die Botschaft
von Weihnachten verstehen,
brauchen auch wir
die **Stille.**

MONTAG

23. Dezember

Aus: Weihnachten – Zeit der Erfüllung
© Vier-Türme GmbH, Verlag, Münsterschwarzach

An **Weihnachten** wird die Liebe Gottes Mensch.

Heiligabend

DIENSTAG

24. Dezember

Aus einem Predigttext
© Vier-Türme GmbH, Verlag, Münsterschwarzach

Wenn Gott in uns geboren wird, dann sind wir einfach nur da und *freuen* uns am reinen Sein.

~

1. Weihnachtstag

MITTWOCH

25. Dezember

Aus dem Predigttext »Wenn Gott in uns geboren wird«
© Vier-Türme GmbH, Verlag, Münsterschwarzach

Gott ist der, der in mir wohnt und mir so in mir Heimat schenkt.

~

2. Weihnachtstag

DONNERSTAG

26. Dezember

Aus: Die Kraft des Gebets
© Vier-Türme GmbH, Verlag, Münsterschwarzach

Der Glaube ist wie ein **Lichtblick** mitten in der Dunkelheit des Leidens.

~

FREITAG

27. Dezember

Aus einem Predigttext
© Vier-Türme GmbH, Verlag, Münsterschwarzach

Das Gebet vollendet sich im **Schweigen.**

SAMSTAG

28. Dezember

Aus: Gebet als Begegnung
© Vier-Türme GmbH, Verlag, Münsterschwarzach

Liebe ist nicht nur ein Gefühl, sondern eine **Qualität** des Seins.

SONNTAG

29. Dezember

Aus: Gott los werden? Warum der Glaube den Unglauben braucht
© Vier-Türme GmbH, Verlag, Münsterschwarzach

An Weihnachten fängt Gott
selbst neu mit uns an, da er
sich als **Kind** einlässt
auf unsere Wirklichkeit.

~

MONTAG

30. Dezember

Aus: Wage den Neuanfang
© Vier-Türme GmbH, Verlag, Münsterschwarzach

Gottes Segen möge Dir
Frieden schenken
mit den Menschen um Dich.

Silvester

DIENSTAG

31. Dezember

Aus: Jeder Tag ein Segen
© Vier-Türme GmbH, Verlag, Münsterschwarzach

© Vier-Türme GmbH, Verlag, Münsterschwarzach 2023
Alle Rechte vorbehalten
Alle Angaben ohne Gewähr

Umschlaggestaltung und Layout:
Atelier Lehmacher, Friedberg (Bay.)
Illustrationen und Satz:
Atelier Lehmacher, Friedberg (Bay.)
Umschlagfoto: Andrea Göppel © Vier-Türme GmbH, Verlag
Druck und Bindung: Benedict Press,
Vier-Türme GmbH, Münsterschwarzach
ISBN 978-3-7365-0502-5

www.vier-tuerme-verlag.de